AF360184

DES CAUSES

QUI ONT OPÉRÉ

LA RÉVOLUTION.

Avoir présenté à nos concitoyens l'exposé
fidèle de la Révolution, sans en développer les
causes, ce seroit avoir dessiné le temple auguste de
la liberté, sans en montrer les fondemens. La
vérité va bientôt éclairer ce temple; bientôt les
mœurs en feront leur asyle, et l'équité, cette fille
des dieux, y conduira la paix et la prospérité. François, qui voulez jouir des biens et des droits im-
prescriptibles de l'homme, cherchez avec nous par

quel effet subit, le feu sacré de la liberté s'est allumé dans vos cœurs ; cherchez avec nous par quelle force irrésistible et secrette le despotisme, qui enchaîna vos aïeux durant tant de siècles, vient de fuir éperdu, plein de rage, errant dans les plaines de Galicie, de Rome, et sous les murs de Vienne et de Moskou. En arrachant d'une main hardie le voile de la vérité, qui nous cache les loix immuables de la nature, et la chaîne des événemens qui, parmi nous, ont fait naître la liberté, nous aurons montré son histoire, et nous l'aurons à jamais fixée parmi nous. Nos neveux pourront y apprendre, s'il arrivoit que la liberté leur fût ravie, ils pourront y apprendre par quels moyens on peut la conquérir, par quel ordre de choses on peut la conserver, et nos malheurs leur serviroient d'exemple.

Interprète de ces événemens mémorables, le premier, nous les avons tracés avec le courage et la fermeté d'un homme libre ; le premier, nous osâmes raconter quelles furent les hostilités des Lambesc et des Besenval ; nous dîmes quel étoit le courage des martyrs de la liberté sous les murs abhorrés de l'antre du despotisime, nous fîmes plus ; après avoir décrit le spectacle d'un Roi, qui, pour la première fois, parut sans garde au milieu de son peuple, surmontant la répugnance affreuse d'un cœur sensible qui se révolte à l'aspect de l'humanité outragée, nous peignîmes, pour l'instruction des siècles et des tyrans, les horreurs dégoûtantes et les horribles supplices des Foulon et des Berthier ! C'est donc à nous seulement, instruits par les cent voix publiques, foyer central

de tous les actes de cette incroyable révolution ,
que seul , il appartient d'en completter l'histoire ,
et notre intégrité doit répondre de notre courage
et de notre fidélité.

Trompés par les loix éternelles et cachées de la
nature, souvent les princes , en croyant diriger les
peuples à leur gré , les conduisent vers un but contraire. Nos anciens ducs , nos antiques barons et
nos vieux comtes , ne se doutoient guères que les
arts qu'ils protégèrent pour se débarasser du poids
de l'existence de leurs inutiles vassaux , et se pro-
curer de nouvelles jouissances , ils ne se doutoient
pas , ces vieux comtes , que les arts un jour , en
développant l'industrie , leur enlevroient aussi jusqu'au dernier esclave ; ils ne se doutoient pas que
ces esclaves, devenus à leur tour tributaires des
rois, anéantiroient à jamais la féodalité ! Non ,
sans doute , ils ne s'en doutoient pas, nos vieux
comtes ! Et Louis XIV se douta moins encore ,
que les arts , les moyens séducteurs , qu'il mettoit
en usage pour enchaîner les françois, répandoient ,
dès ce moment même , les semences inconnues de
la liberté. Depuis le règne de François Premier , des
guerres cruelles avoient désolé la France ; Richelieu l'avoit teinte du sang des françois, et
Louis XIV, aiguillonné par les succès du citoyen
de Hollande devenu roi d'Angleterre , crut de-
venir plus grand encore , s'il pouvoit, en enchaî-
nant les peuples , leur faire chérir l'esclavage : ç'eût
été , en effet , le triomphe du despotisme , et le
dernier avilissement de la nation ! Louis sut couvrir
ses chaînes de fleurs , il prodigua la magnificence , la

pompe des fêtes et les plaisirs, il rappela l'antique chevalerie et les amours ; il prêcha d'exemple, et la Valière fut son idole ; il commanda au génie d'enfanter des prodiges, et Corneille parut ; il appella dans sa cour tous les arts, tous les génies ; Molière, Lully, Quinault, le Brun, Mignard, le Poussin, le Pujet, Perrault, le Notre, produisirent des chef-d'œuvres ; et cette cour fut un temple enchanté. *Nec pluribus impar* fut la devise caractéristique du despote ; alors, naquit le dangereux et méprisable esprit d'imitation : la France entière l'adopta ; elle prit part à ces espèces d'enchantemens, et les François, enivrés de songes, chantèrent leurs amours, leurs maîtresses et leur roi ; alors la raison s'endormit, la liberté depuis long-tems n'existoit plus, la vérité s'exila, et sous le nom de politesse ou d'esprit, la flatterie, le mensonge, l'orgueil, l'esclavage et les vices prirent leur place. Combien les ambitieux savent tirer parti des foiblesses humaines ! le Roi sentit que les jouissances de l'amour énervoient les ames et leur enlevoient un grand caractère de fermeté républicaine, et dans sa cour, tout respira l'amour, les plaisirs et les songes. Ce ne fut point encore assez pour Louis XIV ; incertain de régner par les arts, il voulut que la force consolidât son autorité. Richelieu avoit anéanti tous les pairs et les grands vassaux de la couronne ; par là, nul dans le royaume, autre que le Roi, ne possédoit le droit d'armer une province ; ainsi Louis XIV ne redoutoit plus la puissance des princes, mais il voulut aussi asservir les peuples ; et des armées nombreuses bien discipli-

nées, sous le prétexte insidieux de défendre nos
forts, servirent d'instrumens de vengeance ou de
haine au despote, pour lancer des châtimens contre
des provinces mécontentes, lorsque la vérité ou la
raison cherchoient à paroître. Ce Roi fit plus encore, tandis que Colbert favorisoit les manufactures, le commerce, les arts qui enrichissoient la
France, les richesses qu'ils produisoient étoient pré-
levées par les impôts, & ne servoient qu'à soutenir
des armées formidables : ces armées effrayèrent nos
voisins ; ils furent forcés de se défendre. De là
naquit cette balance politique qui apprit à tous les
rois de l'Europe, que pour l'affreuse sécurité du
despotisme, il leur falloit conserver, même en tems
de paix, de puissantes armées. Ces despotes con-
çurent bien que les peuples seroient obligés de nour-
rir cette innombrable quantité de soldats, de subve-
nir à toutes les dépenses qu'ils nécessitoient : mais
ce ne sont pas les peines des peuples qu'ils vouloient
épargner ; pourtant ce sont les dépenses de ces nombreuses armées qui ont porté si loin le *déficit* de tous
les grands états de l'Europe, l'Angleterre seule excep-
tée ! Les Anglois, plus sages que les autres peuples,
ont sagement décidé qu'en tems de paix, excepté
ce qui importe à la garde des côtes & des frontières,
le reste de l'armée est une force oppressive, une
arme dangereuse dans les mains des rois, pour
détruire la liberté. Ainsi les François, sous le règne
de Louis XIV, étoient plus chargés d'impôts que
jamais ils ne l'avoient été ; (1) mais aussi ils étoient

____

(1) Sous les rois de la première & de la seconde race,
les françois ne payoient point d'impôts seulement à certains
jours de l'année ; & lorsque les rois marioient leurs filles,
ou que leurs fils étoient armés chevaliers, leurs sujets leur

plus induſtrieux, plus laborieux ; ils produiſirent plus de richeſſes réelles, & ces richeſſes ſervirent à ſoudoyer le ſoldat qui les enchaînoit & le courtiſan qui les mépriſoit ; la nation travailloit, s'évertuoit à forger ſes propres fers. Depuis quinze ſiècles, le clergé n'avoit ceſſé de multiplier les rêves myſtiques & d'abſorber la raiſon des peuples ; les ſonges monaſtiques étoient encore dans toute leur puiſſance. Que l'on juge ſi le deſpote accueillit ces moyens, pour appuyer ſes criminels deſſeins ; auſſi employa-t-on la puiſſance royale pour ſoutenir la haine des jéſuites contre Port-Royal ; on accueillit les moines & les prédicans ; tout ce qui l'approchoit prenoit le ton monachal, tout, juſqu'à ſes maîtreſſes (1). Les non-catholiques, par leur éducation même, jouiſſoient de quelqu'ombre de raiſon : on les regarda comme dangereux, & ils furent traités en ennemis : mais lorſque le Pape voulut contrarier les vues du Roi, il le fit menacer de faire aſſiéger le Vatican, tant le Roi dédaignoit la puiſſance religieuſe, dès qu'elle ne favoriſoit pas ſes vues deſpotiques. Ainſi ſortant des longs ſiècles d'ignorance, les premiéres étincelles

---

faiſoient quelques préſens, dont ils ſe contentoient pour l'entretien de leurs maiſons ; le ſurplus de leurs dépenſes provenoit de leur domaine. Ainſi, juſqu'à Philippe-le-Bel, qui établit une eſpèce de capitation, un droit ſur les conſommations, & qui, en outre, oſa iniquitablement vendre aux cerfs une liberté illuſoire, il n'y eût aucun impôt, ſi ce n'eſt en tems de guerre, que l'on préleva, du conſentement des *placita*, ou chambre des pairs, des ſommes, une fois payées, pour la défenſe commune du royaume.

(1) On ſait que madame de Maintenon étoit dévote à l'excès, & que la belle la Vallière, eſpérant encore flatter les vues de ſon auguſte amant, ſe fit carmelite.

des lumières & du génie furent recueillies par le tyran & ses ministres, pour asservir les François, &
les plonger à jamais dans le plus adroit & le plus
absolu despotisme. Les voiles de l'ignorance cou-
vroient la terre depuis la mort de Pompée ; la
liberté en deuil s'en étoit exilée depuis dix-huit
cens ans, la superstition & l'imbécillité régnoient
en souveraines sur tous les peuples. D'où pouvoient
donc naître les lumières ? car sans elles point de
liberté ! Francois, qui auroit cru à cette époque,
qu'un siècle après, dût arriver le réveil de la liberté ?
Qui l'eût prévu, si ce ne fût peut-être le grand
Corneille & Fénélon ? oui les premières idées de
la liberté se retrouvèrent dans les tragédies de Corneille, & les plus violentes satyres du despotisme
dans Télémaque. Qui croiroit que la Moïsade ait
été le type du génie de Voltaire. (1) Louis XIV
encouragea les arts & les lettres, pour distraire les
François de l'examen des droits du prince ; aussi eut-
il grand soin de créer des inquisiteurs de la pensée,
des censeurs royaux, des académies à ses gages, les-
quelles dépendoient de ses volontés ; en conséquence,
aucune vérité utile ne pouvoit percer jusqu'aux
peuples ; alors les arts & les lettres ne furent oc-
cupés que du développement des passions & des
folies humaines ! Pour les peindre efficacement, on
inventa de puériles codes ; chacun voulut sentir,
nul ne voulut juger ; l'esprit fut accueilli, vanté ;

---

(1) La Moïsade est un petit poëme de J. B. Rousseau,
contre les préjugés qu'établit Moïse ; Arouet, à trois ans,
le récitoit par cœur ; l'abbé de Châteauneuf avoit pris la
peine de le lui inculquer dans la mémoire : aussi Voltaire,
durant toute sa vie, écrivit-il contre les préjugés, tant les
premières idées ont d'influence sur le reste de la vie.

la raifon devint ennuyeufe , & les cenfeurs royaux eux-mêmes s'enfevelirent , avec la nation , dans les ombres de l'ineptie & des futilités ; auffi par la fuite un brevet de cenfeur devint-il un *brevet de bêtife*.

Cependant les François, fauf les bulles papales, les jubilés, les reliques, les indulgences, les fubtilités des hordes jéfuiftiques, fcholaftiques & myftiques, fauf les guerres dont les accabloient l'orgueil, l'ambition, ou les caprices du Roi, fauf les impôts énormes qui croiffoient fans ceffe, fauf les vexations des grands, de leurs officiers, & des tribunaux, les François, dis-je, toutes ces caufes exceptées, ne pouvoient fe plaindre ! Ils aimoient leur roi, ils le crurent le père de leur grande famille, & tout leur fuggéroit cette erreur. Il eft dans la nature des hommes, que les malheureux cherchent une confolation, tandis que l'ignorance cherche une divinité ; la nation étoit opprimée, elle étoit avilie, il lui falloit un protecteur, il lui falloit une idole, elle choifit fon roi.

Les Médicis, pour le malheur de la France, c'eft-à-dire, Catherine, avoit divifé les provinces pour y placer des bureaux de traites ; Louis XI, qui fut le bourreau de tant de fes fujets, & qui, le premier, prit le titre de roi très-chrétien, Louis XI avoit rendu les impôts permanens ; François premier avoit le premier auffi créé des offices de judicature à vie ; à chaque règne, alors, on les revendoit ; Henri IV rendit ces charges héréditaires, & Louis XIII, en en créant confidérablement de nouvelles, trouva encore foixante millions (1) ; & Pontchartrain, intendant des finances

____

(1) L'abondance des métaux précieux ayant triplé main-
de

de Louis XIV, après avoir fait porter à la mon-
noie la vaiffelle du roi, & fait brifer à Verfailles
les ornemens d'or ou d'argent qui décoroient les
appartemens, créa à-peu-près toutes les charges
exiftantes maintenant ; enfin il en recueillit environ pour trois cents cinquante millions, fans comp-
ter la capitation & les autres impôts qu'il établit
ou continua, & dont le nombre, fous l'enfance
de Louis XV, fe montoit à près de dix mille :
tandis que plus de foixante mille perfonnes étoient
occupées d'en faire le recouvrement (1). Enfin, la
dilapidation fut telle, que lorfque Defmarets fut
nommé contrôleur-général, il n'y avoit de fonds
libres que vingt millions, & les dépenfes pour
l'année fe montoient à fix cents foixante-douze millions. Jugez quel étoit le bonheur des françois ! Ce
n'étoit pas fans motifs qu'ils cherchoient des confo-
lations ; mais leur roi leur tenoit lieu de tout.

Ainfi les armées qui, avant Louis XIV, fe con-
gédioient après la guerre, reftoient fur pied durant
la paix : la vénalité des charges, les anticipations,
les emprunts, les dix mille impôts, les déprédations des cours, les charges lucratives, & les cent
mille & un gafpillages du defpotifme avoient accablé le peuple de tous les maux : il travailloit pre-
mièrement pour fes maîtres, il n'avoit pas le tems de
fonger à lui, & le produit de fes labeurs ne pouvoient

---

tenant en quantité depuis François premier, la même valeur
de numéraire ne pouvant repréfenter fous Louis XIII qu'une
valeur double d'aujourd'hui : cette fomme étoit une richeffe
effective d'environ cent vingt millions.

(1) Colbert, qui a tout entrevu en adminiftration, &
qui avoit fait de fi grandes améliorations, avoit eu le
projet de réduire les impôts des fermes en un feul.

fuffire. Quand l'Etat ou le Roi empruntent, fous quelque forme que ce puiſſe être, c'eſt toujours le peuple qui paye ; lui ſeul produit, car le ſol ſans bras ne donne rien d'utile : mais pour comble de maux, dans les emprunts, les anticipations & les ventes des charges, non-ſeulement le peuple eſt obligé tôt ou tard d'en rembourſer les fonds, mais encore, il faut plus, il faut qu'il en paye la rente, & cette rente accroît la fortune des capitaliſtes & des créanciers de l'Etat, accumule les richeſſes dans un petit nombre de mains, augmente leur inégale répartition, met le peuple dans leur dépendance, & fait marcher à grands pas la nation vers la miſère publique (1).

Courbés ſous les triples pouvoirs de la fiſcalité, des vexations deſpotiques, des inquiſitions miniſtérielles, des ambitieuſes chimères cléricales ; les François, en cet état, avoient encore pour ſurcroit de maux, ce qu'on nomme la politique des cours, ou la balance politique des rois, qui n'eſt aſſez ordinairement que la balance de leurs folies. Croiroit-on, par exemple, que les rois ſont hommes, quand on les voit ſe jouer de la vie & des maux des autres hommes, comme ſi ces derniers n'exiſtoient que pour leurs plaiſirs ? Que l'on ne penſe pas que ce ſoit ici ſeulement des ſuites d'inconſéquence ; non, il eſt de l'eſſence du cœur humain de dédaigner celui

---

(1) Ici l'on ne ſera pas étonné ſans doute des calamités préſentes, après les nombreuſes opérations de finances, de fiſcalité, les énormes anticipations, le lourd fardeau des charges vénales dont nous ſommes accablés & grevés depuis tant d'années : mais on ſera ſurpris peut-être qu'un adminiſtrateur, qui a ſervi l'état avec zèle, ait eu recours à ces moyens, ou du moins qu'il n'en ait pu trouver d'autres.

que l'on n'eftime pas fon égal, & de ce funefte
égoifme naiffent tous les vices & les maux de l'humanité. Comment des rois pourroient-ils, en effet,
attacher un grand prix aux malheurs des autres
hommes? Ces hommes ne font pas des rois. Louis
XIV remplit l'Europe du bruit de fes fuccès, il réunit des provinces à fon empire; mais cette gloire fut
teinte du fang des François. Eft-il donc rien de plus
infenfé & de plus funefte que cette balance politique? Peuples, à notre exemple, ne fauriez-vous
vous reffaifir de votre pouvoir national? Ce font
vos bras qui font la force de vos rois; créez-vous
des loix juftes, que votre puiffance militaire fuffife
en temps de paix à la garde de vos frontières & au
maintien de l'ordre public; ne cherchez qu'à défendre vos foyers, n'ambitionnez point de conquêtes,
vous n'en feriez pas plus heureux, & dans cet état
des chofes, vos mandataires ne fuivant que vos volontés, ne répandront plus votre fang au gré de leurs
caprices; alors il n'exiftera plus de balance politique,
chaque nation, à l'exemple des Suiffes & des Américains, gardera fes foyers; congédiez l'excédent de
vos nombreufes armées, n'ayez que des foldats citoyens; ceux-ci fe défendent mieux & n'attaquent
jamais les peuples voifins. Formez des ligues qui
s'oppofent aux projets des ambitieux; alors tous les
projets orgueilleux de vos maîtres feront déconcertés; ils ne joueront plus vos richeffes fur un diplome,
comme les académiftes jouent les leurs fur un coup
de dez. Alors l'Europe entiere jouira du calme, de
la paix & de la profpérité, les bras ne manqueront
plus au défrichement de la terre (1), ils ne man-

____

(1) La France eft l'un des pays les moins mal cultivés;
cependant il y a dix-huit cents mille arpens de landes à

queront plus aux manufactures, le commerce par
les échanges multipliera les richesses , & les
peuples jouiront d'eux - mêmes & de leurs immen-
ses travaux (1). François, si ce n'est assez de vous
rappeler les calamités que vous suscita ce roi à qui
vos ayeux ont donné le nom de grand , voyez ce
qu'à coûté le fameux traité fait avec la maison
d'Autriche, en 1758 (2).

____

défricher, & douze cents mille de marais à dessécher : que
l'on juge d'après cela dans quel état font les autres parties
de l'Europe?

(1) Rejettons ces préjugés gothiques de l'imbécille despotisme, qui prétend que, sans la guerre, la population
feroit trop grande. La France est très-peuplée ; mais si elle
l'étoit dix fois plus , elle nourriroit aisément ses habitans, elle
feroit vingt fois plus riche & plus puissante, sans néanmoins qu'elle eût perdu le droit d'établir des colonies dans
le nouveau monde.

(2) On remarquera que, dans ce traité, il ne s'agissoit
que d'engager l'impératrice reine à renoncer à ce qu'on
appeloit son droit de *réversion éventuelle* , c'est-à-dire, à
laisser l'infant dom Philippe jouir du duché de Parme, sur
lequel , selon la raison & la liberté des peuples, l'impératrice n'avoit aucun droit ; car c'est le moins que les princes
puissent faire , de laisser aux nations les droits de choisir
leurs maîtres ; on n'hérite pas d'une peuplade d'hommes, comme on hériteroit de quelques lapins en garenne ;
nul homme n'a droit de vendre , de donner , ni d'acheter
des hommes : jamais rusé lapin ne vendit un autre lapin ;
cependant, malgré des titres si invraisemblables , voici les
conventions que fit avec Louis XV la reine de Hongrie,
pour se désister de son droit : « 1°. qu'il lui sera payé
» durant toute la guerre, chaque année de mois en mois,
» & en douze paiemens égaux, la somme de huit mil-
» lions trois cents quarante mille livres ; 2°. que les sub-
» sides payés à la Suède, conjointement & par les puissances
» contractantes , le feront dorénavant par la France
» seule ».

(13)

Quand tous les peuples de la terre, ainſi que nous, étoient accablés, courbés ſous le plus affreux deſpotiſme, quand l'hiſtoire nous retraçoit à peine quelques nations qui dans la longue ſérie des ſiècles avoient joui peu de momens de la liberté, quand aveuglés par les préjugés, nous mêmes nous regardions cette liberté comme un bien preſque chimérique, incompatible avec la proſpérité d'une grande nation ; d'où pouvoit donc naître chez nous le deſſein d'être libres ? Ici, la chaîne des cauſes eſt immenſe ! mais la première & la plus importante, après le génie national, c'eſt l'art de penſer ; en effet, ſans cet art qui diſtingue l'homme de la brute, tous les peuples pourront ſecouer le joug d'un deſpote, mais ils ne conſerveront point leur liberté ; ils ne ſeront libres que le jour qu'il ſera détrôné ; le lendemain ils chercheront un maître.

3°. Que le paiement des troupes ſaxonnes, à la diſpoſition de l'impératrice, ſera fait par la France.

4°. Que le roi de France s'engage à tenir au moins cent mille hommes armés en Allemagne, contre le roi de Pruſſe, pendant toute la durée de la guerre.

5°. Que les villes d'Oſtende & de Nieuport ſeront rendues à l'Autriche.

6°. Que tous les pays & états du Bas-Rhin, conquis ou à conquérir par la France ſur le roi de Pruſſe, ſeront cédés en ſouveraineté à l'impératrice.

7°. Que la Siléſie entière, & le comté de Glatz (à conquérir) ſeront aſſurés à l'impératrice, *ſine qua non*, &c.

Que l'on juge combien ce ſeul traité a dû être onéreux à la France, & avantageux à la maiſon d'Autriche ? Comment s'eſt-il trouvé des miniſtres aſſez corrompus pour le faire, un roi aſſez indifférent ſur le ſort de ſes peuples pour le ſigner ? Quoi ! pour un ſeul individu, ſon parent, on ſacrifioit cent mille hommes ? On payoit des ſommes énormes ! . . . . . Peuples, voyez ce que ſont les rois !

Quand les Hollandois, au quinzieme siècle, voulurent briser leurs chaînes, ils ne tardèrent point à
demander un roi; ils offrirent leur souveraineté à
tous les princes de l'Europe; mais aucun n'en voulut.
Alors forcés par la nécessité, ils se créèrent un chef,
un sénat & des loix, & furent libres enfin en dépit
d'eux, du moins autant qu'ils pouvoient l'être, pour
n'avoir pu trouver un roi. Mais les François n'en man-
quèrent jamais, & quoique leur génie impatient,
actif & fier, ne pût jamais s'asservir & ramper, même
dans l'indigence, sans les soins que prit Louis XIV,
de favoriser, d'aiguillonner le génie, pour qu'il lui prê-
tât des chaînes, les François n'eussent point été libres;
& les incroyables efforts du despote pour avilir la
nation, furent précisément les moteurs imprévus de
sa liberté. Louis XIV conçut que pour captiver les
sens il falloit des spectacles, & bientôt ils furent,
après les cérémonies religieuses & les batailles,
l'objet important de la nation; le peuple dans ses
récréations alloit aux temples, & les grands alloient
au théâtre; celui-ci devint l'école des riches, comme
l'église fut celle des pauvres. C'est pourquoi parmi
nous le peuple végéta si long-tems dans l'ignorance.
Mais Corneille retrouva dans l'histoire des Romains,
& plus encore dans son ame, ce feu sacré du génie
de la liberté; il en fit paroître des étincelles dans les
Horaces & Cinna. Saint-Evremont, la Bruyere & la
Fontaine invitèrent à penser. Bientôt parut ce génie
étonnant, qui nous donna *Œdippe* (1), qui fronda

---

(1) Que l'on juge des lumières des François de ce tems,
puisque l'on regarda comme dangereux ces vers :

« Les prêtres ne sont point ce qu'un vain peuple pense,
» Notre crédulité fait toute leur science ».

Aujourd'hui cet axiome ne seroit pas même remarqué.

tous les préjugés, & semblable à Prothée, se diversifia sous toutes les formes. Il nous donna *la Mort de Céfar, Brutus, Oreste, Alzire, Mérope & Mahomet.* Tous ces écrits respirent la haine des tyrans. Enfin parut ce Montesquieu, si célèbre de son tems, si méprisé dans le nôtre ! Peut-être s'il vivoit, il nous diroit : mais je n'ai mérité ni cet excès d'honneur, ni cette indignité. Son livre, de *l'Esprit des Loix,* resta presque inconnu pendant dix mois : il fallut une dénonciation de la Sorbonne pour le tirer de l'oubli ; alors il fut célébré, médité de l'Europe entière ; c'est au milieu de l'obscurité que l'étincelle est brillante ! Cependant, Bacon, Locke, Montagne & Newton avoient paru ; Condillac & Mably répétèrent à-peu-près ce que les premiers avoient dit ; Cassini, Haller, Voltaire, & quelques autres, nous firent concevoir ce qu'avoit tracé Newton. Les sciences exactes firent des progrès, & les mathématiques, dans l'histoire de la liberté, ont plus fait qu'on ne pense ; un jour devoit naître, où l'on essayeroit de porter le calcul dans la politique, la morale, & dans toutes les sciences ; c'est ainsi que la raison se forme : le gouvernement sentit dès-lors que les progrès des sciences pourroient nuire à ses desseins, & les seigneurs cherchèrent à admettre les savans parmi eux, afin de profiter seuls & plus sûrement de leurs lumières ; mais il s'établissoit des académies & des laboratoires de toutes parts : l'esprit humain desire impatiemment de vaincre ce qui lui oppose des résistances. D'ailleurs, la célébrité accordée aux découvertes & au génie, aiguillonnoit les ames ; la vérité, la raison & les connoissances, sous le nom de philosophie, osèrent se montrer ; elles

furent perfécutées comme elles devoient l'être ; les préjugés ne pardonnent point à la raifon : mais Diderot & d'Alembert mirent à la portée de tout le monde, les progrès que les arts & les fciences avoient fait jufqu'alors. Les philofophes furent déteftés de la Sorbonne & du Clergé, & cette lutte, cette guerre d'opinions, montra bientôt quel eft l'afcendant & la puiffance de la vérité & des droits de l'homme fur l'erreur & l'hypocrifie : le Clergé fut battu, & les gens de lettres triomphè- rent. Un petit fuccès en fait defirer un grand : précifé- ment, le livre *de l'Efprit* parut vers ce tems ; dès ce moment, & l'auteur fut perfécuté & l'ouvrage con- damné au feu ; c'étoit encore la mode de brûler les vérités nouvellement découvertes : mais toutes leurs intrigues ne purent empêcher le fuccès de l'ou- vrage ; & quoiqu'il fût défendu, chacun voulut le lire. Helvétius fut l'efprit le plus profond & le plus jufte de notre fiècle ; il enfeigna la méthode d'aller à la découverte des vérités. Enfin, l'immortel ou- vrage de J. J., *le Contrat focial*, apporta la lu- mière ; cependant, il eut bien moins de fuccès que n'en avoit eu jufqu'alors *l'Efprit des Loix* ; les uns ne l'entendoient pas, les autres le commentoient à leur manière, & en général on le trouva moins dangereux qu'*Emile :* conféquemment, il eut moins de détracteurs. Après J. J. vint Buffon, qui peignit la nature, la fit aimer, la fit étudier, & cette étude montra les œuvres de l'immortel, devant lequel toutes les nations doivent baiffer un front refpec- tueux ; cet ouvrage a détruit, peut-être, plus de préjugés que le très-grand nombre de ceux des philofophes. Après Buffon vint Raynal ; fon génie, des vérités importantes, l'honneur des perfécu-
                                                        tions,

tions, firent rechercher les œuvres avec empreffe-
ment ; & lui feul, de cette foule de génies qui
nous ont apporté la lumière, jouit encore du plaifir
de voir opérer fous ces yeux une révolution à laquelle
il a contribué : mais pourquoi ne le voit-on point
à l'affemblée nationale ? Sa préfence & fa gloire
impoferoient du refpect aux cabales des ennemis
de la nation !

Pendant que prefque toutes les claffes fe livroient
a l'étude de ces connoiffances nouvellement ac-
quifes & à l'art de penfer, la cour & les corps
antiques de la robe & du clergé confervoient leurs
préjugés, & méprifoient fouverainement les fciences, les livres & les auteurs. La cour de Louis
XV propagea l'orgueil, l'éclat, les vices, les déprédations & l'hypocrifie religieufe de celle de Louis
XIV ; feulement elle y joignit, fur la fin du dernier
règne, le froid dédain du fort des peuples & les
fcandaleux excès de la débauche : ainfi tandis qu'une
partie de la nation élevoit fes idées à la hauteur
du génie de fes grands hommes, le refte s'oublioit
dans les crapuleux deffeins du libertinage, dans les
intrigues des fripons & dans les infamantes concuf-
fions des tributs des peuples. On n'a point encore
oublié les proftitutions de nos libidineux fybarites,
de ces catins titrées qui dépenfoient, en un jour, l'impôt de dix villages, les Terray, les Richelieu, les
Maupeou, les Dubarry, les Dutey, & ce fameux
prince de Conty qui a enrichi tant de proftituées, &
tant de milliers d'autres qu'il feroit trop long de
nommer ! Mais qui croiroit néanmoins que de pa-
reilles gens méfeftimoient avec infolence quiconque
ne leur reffembloit pas ? Tel eft l'effet des dérégle-
mens & du vice, qu'il fait perdre jufqu'aux plus
foibles lueurs de la raifon. Pourtant le fafte de Louis

XIV, fa puiffance, fes plaifirs, fes arts, dirai-je
fa politeffe, les amours & cette galanterie qui plaît
à une moitié du genre humain, fans jamais deplaire
à l'autre ; cette galanterie fur-tout avoit fixé fur
nous les regards de tous les peuples de l'europe,
tous s'intéreffoient à nos modes, à nos arts & à nos
goûts ; nos productions circuloient de toutes parts ;
nos livres étoient lus, recueillis avec avidité, par-
tout la langue françoife étoit parlée ; enfin un tems
eft venu où l'étranger fouvent a mieux connu nos
ouvrages nouveaux, que les François ne les ont
connu eux-mêmes : l'europe entière a donc adopté
les idées de nos grands hommes auffi-tôt que la
majeure partie de notre nation ; elle va donc fuivre
notre exemple & nos progrès : mais n'enticipons pas
fur l'ordre & fur le concours néceffité des événemens & des caufes.

Les principaux traits du caractère de Louis XV
étoient l'oftentation & la foibleffe. Les miniftres de
ce tems ne briguèrent de fi hauts emplois, que pour
amaffer des richeffes, & commander defpotique-
ment à leurs égaux. Quiconque faifoit remarquer
les fautes d'un miniftre, ou fe permettoit de répéter
une vérité, étoit plongé vivant à la baftille. C'eft
dans ce tems que celui qui époufoit une jolie femme,
fe la voyoit enlever, & par une lettre-de-cachet,
fe trouvoit bientôt dans une prifon de force.
C'eft dans ce tems que le Comte de Saint-Florentin,
Terray, Maupeou, ne connoiffoient de loix, que
leurs volontés. Le grand inquifiteur de Sartine pourroit nous dire combien de millions de lettres-de-
cachet ont été mifes à exécution : fes vertueux agens
en avoient toujours de prêtes à vendre, leurs poches
en étoient pleines ; alors dans les bureaux miniflé-
riels, on achetoit des places, du mérite, de la no-

blesse , des faveurs ; on achetoit la grace d'un affassin , la vie d'un homme , ses biens , son honneur ou sa perte ; on achetoit tout , on vendoit tout.

Combien cependant les impôts avoient augmenté depuis un siècle & demi : en 1600 , les revenus de l'état étoient de . . . . 16,208,000 l.
& les dépenses de . . 13,675,000

En 1650 , les revenus étoient de 25,482,000
& les dépenses de . . 27,224,000

En 1695 , les revenus étoient de 128,103,000
& les dépenses de . . 139,010,000

A la mort de Louis XV , ces revenus étoient de 361,820,000
& les dépenses de . . 225,130,000

Malgré les guerres, malgré les tributs payés à la maison d'Autriche , les dépenses à la mort de Louis XV , étoient encore loin de surpasser la recette ; cependant durant ce siècle & demi l'argent avoit à peine diminué en valeur de moitié tout au plus ; ainsi Henri IV , en seize cents , ne pouvoit donc acheter avec seize millions, que ce qu'on acheteroit aujourd'hui pour trente-deux millions ; cependant le feu roi , en l'année 1774 , recevoit trois cents soixante-un millions, c'est-à-dire, onze ou douze fois plus que ne recevoit Henri IV. Que faisoit donc le feu roi de cet énorme excédent? . . . .
. . . . Mais les revenus de l'état sont maintenant de . . . . 475,292,000 l.
& les dépenses montent à 531,533,000
c'est-à-dire, encore le double & un cinquième en sus de ce qu'elles étoient en 1774. Pourquoi donc cette horrible & désastrueuse différence ? Pourquoi ? le voici pourquoi. Sous Henri IV , les pensions ne montoient qu'à . . . . 1,812,700 l

(20)

Aujourd'hui elles vont encore à .   29,954,000
Sans celle qu'on ne connoît pas.
Sous Henri IV, les dépenses de la
guerre & de la marine royale n'al-
loient pas, année commune, à .   5,000,000
Maintenant elles montent à . . .   139,000,000
D'ailleurs les fermiers généraux ne
coûtoient pas   19,511,000
Les ambassades montoient à . . .   200,000
Et aujourd'hui elles coûtent . . .   7,350,000

Ainsi les fermiers & les ambassadeurs coûtent autant à Louis XVI, que deux années de dépense pour
tout le royaume coûtoient à Henri IV ; car dans les
dernières années de sa vie, en 1604, la dépense
totale de la couronne ne monta qu'à 10,149,415 l.
Dix millions! Que l'on demande à MM. les régis-
seurs de la caisse d'escompte s'ils voudroient se con-
tenter d'un tel bénéfice ? J'en doute. Pourroit-on
s'étonner maintenant des plaintes des peuples ? Mais
examinons quelles ont été les mœurs & la conduite
de la cour depuis Louis XV. Les caractères & les
actions des princes ne sont point indifférens à une
nation, qui a pris l'habitude d'en faire ses idoles,
& dont le génie depuis long-temps s'est plié servile-
ment à l'imitation de ce qu'elle appelloit les grands
du royaume.

Nous verrons d'abord une jeune princesse qui fixa
tous les yeux, qui indiqua tous les plaisirs; la viva-
cité de son caractère, de son esprit, ses heureuses
saillies, sa gaieté, lui gagnèrent tous les cœurs.
Bientôt elle vole de plaisir en jouissance, elle semble
ne respirer que pour jouir ; mais à sa cour on abandonna ce ton de représentation de la vieille cour, on
abandonna le respect que l'on devoit à la religion ,
on abandonna celui que l'on devoit aux loix ;

bientôt, dans cette cour brillante, on ne connût qu'un but, le plaisir, & pour l'acheter, il fallut de l'or! Mais examinons quel étoit l'état de la cour, & les personnes qui la compofoient, lorfque cette princeffe y parut. Un monarque avili dans des orgies crapuleufes, une fille plus que connue, occupant près de lui les eftrades du trône, vendoit & diftribuoit les emplois, les faveurs ; des princes, des grands lui faifoient baffement leur cour, & fe plongeoient dans d'impudiques débauches. Les ducs de Villeroi, de Richelieu, de Saint-Florentin, de Fronfac, d'Aiguillon & Maupeou, de la Vrillière & l'abbé Terray, compofoient l'élite de la fociété en hommes ; mefdames de Mirepoix, de Tingry, de Valentinois, de Grammont, & tant d'autres de cette' efpèce, formoient l'élite de femmes ! la fureur du jeu, l'excès du vin, tous les libertinages, tous les vices, occupoient de fi nobles convives. Dans cette cour, il n'y eut plus qu'une manière de parvenir aux places du gouvernement ; ce fut d'être l'inftrument des vices, des paffions, des princes & des miniftres. Faire offre d'une catiu, préfenter mille louis, faire don d'un oifeau, d'un cheval ou d'un chien, tels étoient les irréfiftibles moteurs qui vous faifoient obtenir l'emploi public dû au mérite & aux talens ! Trois jeunes princeffes arrivèrent dans cette école, que l'on juge de l'éducation qu'elles purent y recevoir !

Si les mœurs & la conduite des princes, dans les états defpotiques, ne décidoient fouvent du fort des peuples, l'hiftoire pourroit paffer leurs défauts fous filence ; mais l'intérêt de plufieurs millions d'hommes ne peut être mis en balance avec celui de quelques individus, dont la folie eft de croire que les peuples n'exiftent que pour fervir leurs paſſions: qu'ils rempliſſent leurs devoirs, l'hiſtorien doit faire le ſien, il doit compte aux peuples des injuſtices que ceux-ci ne peuvent connoître. Que les princes, que les rois, que les hommes en place ceſſent donc de s'offenſer, lorſque l'on préſente leur conduite & leurs fautes aux yeux des nations, ſans cela la ſociété ſeroit bientôt diſſoute; d'injuſtices en injuſtices, ils deviendroient, en s'oubliant, les plus mépriſables des hommes. Chacun de nous dans la ſociété a ſes devoirs à remplir, plus ils ſont importans, plus ils doivent être açquittés avec exactitude.

Il eſt inutile de dire que la nouvelle cour adopta tous les défauts de l'ancienne; elle y réunit même ces égaremens de la jeuneſſe inſéparables de la fougue des ſens. Non-ſeulement la nation, ſes beſoins furent regardés comme nuls, mais les principes, la décence, les hommes utiles, les gens de mœurs, tout fut ſacrifié. Un homme flétri par l'opinion publique, parut à la direction des finances; ſon talent étoit de plaire aux femmes; ſon eſprit étoit de favoriſer toutes les intrigues & les déprédations; ſes reſſources étoient de dépouiller les peuples. C'eſt ſous ſon miniſtère que ſe commirent ces énormes dilapidations, qui ont formé le *deficit* immenſe, dont la France aujourd'hui ſe trouve accablé; alors, ſur un tapis ſe jouoient journellement à Verſailles les contributions de deux ou trois provinces; alors, au miniſtère, l'importunité, ſans titres, arrachoit les tailles de quatre bourgs entiers, que l'on refuſoit aux ſervices ou au mérite; alors s'établit une claſſe de gens, dont l'unique métier fut de ſolliciter; alors, une cour de jeunes princes & de princeſſes avides de plaiſirs, avides de jouiſſances, donnoit tout, offroit tout pour en obtenir ; ils cherchoient le plaisir dans toutes les classes, de toutes les manières, et dans tous les lieux ; tous les ressorts de la lubricité furent mis en usage ; tout ce que peuvent les arts, furent employés, et bientôt blazé de tout, on ne connut qu'une jouissance, ce fut de se jouer de tout. Que l'on s'étonne maintenant si les dépenses ont doublé, et un cinquième audessus, depuis le nouveau règne ! La bonté du monarque a trompé son cœur, nous aimons à le croire : mais de combien de vexations iniques, de maux sans nombre, ce peuple s'est trouvé accablé sous son règne ! il a des frères, et ils n'ont point embrassé son intérêt, l'intérêt de la nation ; il a des frères, et l'un a trahi tous les devoirs, il a attenté à tout. Les princes devroient bien ne jamais oublier que la voix publique et la renommée transmettent à leurs contemporains et à la postérité, jusqu'à leurs actions les plus cachées ! C'est vainement qu'ils dédaigneroient l'opinion puissante des hommes ; c'est cette opinion qui les élève ou les abaisse ; c'est elle qui les maintient ou les détrône ; c'est elle qui couvre leurs tombeaux de louanges ou d'ignominie : la Sémiramis du Nord, celle qui égala ses tragiques desseins, de toute sa puissance n'a pu empêcher que la main du savoir n'écrivit son histoire. L'ambitieux Joseph vainement se tourmente pour empêcher d'écrire la sienne ; la renommée sera équitable. Qui de nous maintenant ne révère Henri IV ? Qui de nous ne déteste la femme de Henri ? Qui de nous ignore que cette Médicis eût tous les vices, connût tous les crimes, et n'eût pas une vertu ? On sait maintenant quel fut le nombre de ses amans, quel fut celui de ses complaisantes ; on les cite, on les nomme ; Joyeuse, Conchigny, et tant d'autres instrumens de ses amusemens lubriques et coupables sont comptés, sont célèbres dans l'histoire. On connoît ses lascives amours, ses oublis, ses mystères ; on connoît ses fureurs, on connoît sa dissimulation, sa haîne et ses vengeances ; on connoît l'histoire de sa favorite, conduite en place de Greve ; on sait qu'elle trahit son époux, on sait qu'elle trahit son fils ; on sait qu'elle voulut faire servir à sa haîne le poison et le fer ; on sait qu'elle abhorroit Sully ; on sait qu'elle eût voulu réduire les François sous le joug et la domination de sa famille ; on sait quelle a dissipé les trésors des peuples, leurs tributs, pour enrichir ces nombreux favoris et ses favorites ; on sait enfin quels engagemens secrets, quels sacrifices on fut obligé de faire à son pays, à sa maison, le tout aux détrimens onéreux de la France ; on sait les complots, les ligues, les cabales qu'elle fomentoit chaque jour pour accabler la Nation de calamités ; on sait que son plus grand desir fut de régner seule ; on sait que les états-généraux furent assemblés contre son gré, et qu'elle fit tout pour les dissoudre ; on sait.... Dieu ! que ne sait-on pas !.... Pourquoi faut-il que les princes, qui ne sont élus et choisis que pour le bonheur des hommes, s'appliquent si souvent à faire leur malheur ! Les princes seroient heureux s'ils vouloient l'être ! Ils s'étonnent ensuite que les peuples instruits de leurs iniquités, accablés de tant de

maux,

maux, fe livrent au défefpoir, brifent leurs chaînes, & fe reffaififfent de leurs droits ! Qu'ils s'é-
tonnent au contraire que l'aveuglement & l'efcla-
vage foient fupportés, endurés fi long-tems par
les nations, en qui réfide toutes les richeffes, toute
la puiffance ! Quoi ! les mandataires ofent oppri-
mer, enchaîner leurs commettans, & ils s'étonnent de n'être pas les maîtres ! Quel renverfement
d'idées ! L'efprit humain a quelque peine à le concevoir.

Cependant la guerre d'Amérique, la confédé-
ration des Etats-Unis, leurs loix, leur conftitution,
le retour de nos guerriers retraçoient aux François
les idées & les avantages de la liberté : depuis long-
tems nos nombreux rapports avec l'Angleterre
avoient fait germer en nous le defir d'être libres ;
les priviléges des nobles, les redevances feigneu-
riales, le vaffelage, les charges exceffives que fup-
portoient les malheureux cultivateurs, offroient
aux gens éclairés de grands fujets de méditation ;
d'un côté des dilapidations innouies & tous les
genres de défordres ; de l'autre un peuple plongé
dans la plus affreufe misère, réduit de toutes parts
à laiffer fes champs fans culture, faute d'aifance.
Dans les villes, des foules d'inoccupés, des multi-
tudes de bras inutiles, des artifans dégradés par la
pauvreté, en un mot, la nation divifée en trois
partie ; la première ayant toutes les charges & s'é-
puifant dans les travaux, pour favorifer les excès,
le luxe, & tous les vices de la feconde partie, &
la troifième expirant de misère : il falloit donc chan-
ger de régime, de loix, puifqu'elles ne favorifoient
que le riche, de gouvernement, puifqu'il anéan-
tiffoit la population, qu'il détruifoit les richeffes,
& conduifoit l'état à fa perte : mais le peuple ne

partageoit point encore ces falutaires idées : les
lumières, la philofophie & l'humanité s'occupoient
de fon fort, à fon infçu ; il ne pouvoit connoître
ces utiles apperçus : fes travaux ne fourniffant point
à fes premiers befoins, comment eût-il fuffi
à fon éducation? Son ignorance & fa mifère l'avoient
donc réduit à ce terme de malheur qui met dans
l'impoffibilité même de le réparer & où il ne refte
à l'homme que l'efpoir d'anéantir fon être ; fon
exiftence eft une fuite de douleurs, alors ceffer de
vivre eft un bien.

Les chofes étoient en cet état, lorfque l'adminiftrateur Calonne, preffé de fatisfaire aux befoins
urgens de la nation, preffé par les dilapidations de
la cour, ne pouvant plus emprunter, ayant fait
paffer la maffe du numéraire dans les mains des
capitaliftes, & ce numéraire ne circulant plus que
pour fatisfaire leur avide cupidité ; enfin l'adminiftrateur Calonne ayant refondu & diminué la mon-
noie d'or, ayant créé du papier d'état de toutes les
formes, ayant favorifé toutes les efpèces d'agiotage;
après que le commerce eut été paralyfé par un
traité de commerce défavantageux à la France, aprés
qu'il eut laiffé exporter en Allemagne des quantités
de richeffes & d'or, cet adminiftrateur fe vit forcé,
ne prélevant plus rien fur les peuples, il fe vit forcé
à la fin de l'année 1786, d'affembler les officiers &
les grands de l'état, pour leur expofer fes befoins,
l'embarras des finances, & leur redemander ce qui,
depuis tant d'années, leur avoit été donné de trop;
enfin, pour leur redemander les falaires des peuples, confiés injuftement en leurs mains. Le miniftre comptoit fur l'obéiffance paffive des notables,
il y compta trop & fe trompa.

Les notables furent affemblés le 22 février

1787. On donna beaucoup d'appareil à cette affemblée, afin de la rendre impofante ; on y avoit réuni
les princes, la haute-nobleffe, le haut-clergé, le
confeil du roi, des députés des pays d'états, des
parlemens, & les chefs des municipalités des grandes villes du royaume. Après les difcours de céré-
monial, le contrôleur-général fit le fien ; c'étoit le
feul important. Il fit l'apologie des opérations de
fon miniftère, montra que les finances étoient dé-
rangées avant le nouveau règne, avoua que depuis
dix ans il avoit été emprunté douze cents cinquante
millions, & finit par déchirer lè voile qui cachoit
l'abyme de l'immenfe *déficit*. Ce *déficit* jeta l'effroi
dans l'ame des notables ; chacun craignit d'en fup-
porter les cruelles fuites, & l'adminiftrateur ofa
ajouter que l'on ne pouvoit plus, ni emprunter, ni
impofer davantage, ni anticiper encore, & fort
peu économifer. Il finit enfin par propofer d'établir
une contribution territoriale, dont perfonne à l'a-
venir, ni noble, ni clergé, ne fût exempt, & dont
la répartition fût en proportion des biens. Il donna
auffi un fecond mémoire fur la liberté du commerce des grains, qui entroit dans fes vues : mais
pour ne pas irriter les évêques, il joignit à cet
expofé un troifième mémoire, fur le rembo.urfe-
ment de la dette du clergé ; & pour ménager &
flatter l'opinion publique, il propofa l'abolition des
corvées en nature, l'égalité de la perception de la
taille, & l'établiffement des affemblées paroiffiales,
de diftrict & provinciales.

Ces idées ne féduifirent point les notables ; ils
redoutèrent de payer des impôts comme le peuple,
d'être affimilés au peuple ; enfin, ils fe divisèrent
par bureaux, demandèrent l'état détaillé des finances, voulurent prendre une conoiffance exacte de

ce *deficit* effrayant , & difcuter , pour la première fois , les plans qui leur étoient propofés par un miniftre.

Remarquons ici que fous les règnes précédens , exceptés les adminiftrateurs ou commis des finances, il ne fe trouvoit perfonne dans la nation qui connût les revenus & les dépenfes de la couronne ; tant le defpotifme miniftériel avoit jeté un voile impénétrable fur toutes fes actions : mais depuis trois ou quatre années, M. Necker , jaloux de mériter l'eftime de la nation , avoit fait paroître fon ouvrage fur les finances ; chacun avoit trouvé cette matière fi nouvelle , que des femmes même s'étoient appliquées à cette étude. C'eft-là , fans doute , un des grands fervices que ce miniftre ait rendu à notre nation. Ainfi, une partie nombreufe de cette nation , lors de l'affemblée des notables , étoit déjà fuffifamment inftruite pour concevoir toute l'étendue des déprédations commifes fous le nouveau règne & fous le précédent. L'opinion publique & les notables accusèrent l'adminiftrateur des finances de prévarication , on le força de quitter le miniftère & de fuir dans fes terres , où les peuples indignés cherchèrent à le pourfuivre ; il y courut le danger de fes jours. Déjà , avant d'arriver au miniftère , cet inique adminiftrateur avoit été pourfuivi par le peuple , lorfqu'il avoit quitté l'intendance de Metz : l'on voit par-là quels hommes on employoit alors dans le miniftère ! Mais l'indignation publique accabla cet ex-miniftre, le parlement bientôt le dénonça comme prévaricateur ; il fut forcé de s'éloigner , de quitter la France ; il abandonna fes amis, fes maîtreffes , & remit fon bien entre les mains de l'une d'elles , madame d'Harvelai. Alors il paſſa en Angleterre, par la Hollande ; c'eſt-là qu'il s'eſt réfugié depuis.

Pendant ce tems, les notables agitèrent diverſes queſtions, débattirent pluſieurs points, firent des projets, dépensèrent de l'argent, & retournèrent dans leurs provinces, ſans avoir rien conclu. Ici commence le règne de ce miniſtre inèpte, l'archevêque de Sens, qui, depuis trente ans, étudioit l'ouvrage des loix de Monteſquieu, & qui finit, après avoir établi une horrible inquiſition de trente mille eſpions, par ſuſpendre la juſtice & les loix dans tout le royaume, par interrompre les paiemens des créanciers de la nation, par occaſionner les premiers ſoulevemens à Paris & dans les provinces, & indigner la nation en ſe couvrant d'ignominié. Ce fut à Catherine de Médicis & au cardinal de Lorraine, que les François furent redevables de la Saint-Barthelemy ; c'eſt à M. A. D. & au cardinal de Loménie, que les François devront leur liberté.

La révolution eſt avancée, il eſt vrai, dira-t-on, toujours l'oppreſſion, les impôts, l'injuſtice, ſoulevèrent les peuples, & les forcèrent à des inſurrections ; ce fut l'oppreſſion qui chez les Grecs fit chaſſer les Piſiſtrates, chez les Romains, la famille des Tarquins ; ce fut l'oppreſſion qui indigna Guillaume Tell contre Giller, & ſouleva les Suiſſes contre ce tyran ; ce fut l'oppreſſion qui ſouleva les Hollandois contre la maiſon d'Autriche ; ce fut encore la haine de l'oppreſſion, qui fit combattre les deſcendans de Penn contre les Anglois : l'oppreſſion devoit donc indubitablement néceſſiter le même effet en France ; déjà cette inſurrection eſt opéré ; déjà la révolution s'achève, mais enfin que va-t-elle produire ? A quoi aboutiront tant d'efforts ? Les François vont-ils être

libres ? Cette liberté s'étendra-t-elle à d'autres peuples ? Restera-t-elle bornée à la France seule ? Les
François pourront-ils exister dans cet état de liberté ?
En seront-ils plus heureux ? La prospérité en sera-
t-elle augmentée ? Cette liberté, en supposant qu'elle
existe, doit elle un jour disparoître ? Quelles grandes
& vastes questions, l'ame s'agrandit en y pensant !

Presque tous les peuples n'ont recouvert quelque
liberté, que par la nécessité d'échapper aux guerres
intestines ou à la captivité; nous, nous recouvrons
la liberté par les lumières ; c'est ce qui fait la perfec-
tion de nos loix, c'est ce qui est cause que notre
constitution sera plus parfaite que n'a été celle d'aucun peuple. Conservons la liberté de la presse, à
qui seule les François doivent leurs connoissances
politiques & à laquelle ils auront encore l'obliga-
tion de la dénonciation de toutes les injustices de
leurs administrateurs, nous avons de plus que les anciens, l'art de l'imprimerie, une vérité, un prin-
cipe juste, une loi sage une fois imprimés ne pourront désormais disparoître de la terre. Vainement
tous les tyrans de l'Europe uniroient leurs forces
pour en effacer la déclaration des droits de l'homme,
ils ne le pourroient plus ; c'est un sens nouveau que
nous a transmis l'imprimerie & que ne possédoient
pas les anciens : oui, c'est avoir découvert une faculté
nouvelle que d'avoir inventé l'imprimerie; ajoutons
que notre idiome est clair, précis, ce qui le rend
propre à fixer les idées de nos profondes médita-
tions. Cet idiome a rendu sensible les transcendans
calculs de l'auteur du contrat social; voilà donc des
avantages qui réunis à nos lumières sont puissans &
incontestables. Oui, les vérités que nous allons dé-
couvrir, celles que nous devons a nos grands hommes nous resterons, elles ne peuvent maintenant

s'effacer qu'avec les générations ! Que dis-je ? non ,
jamais elles ne s'effaceront de la terre. Les vérités
utiles sont si puissantes , elles ont si grand empire
sur tous les hommes, que ceux qui d'abord étoient
gouvernés par la force. le sont bientôt par la raison. Non , rien n'égale la puissance de la vérité, de
la raison et des loix équitables; il suffit qu'un homme
une fois les connoisse, pour ne jamais les oublier !
Mais tous les peuples nos voisins parlent notre
langa e, tous lisent nos livres, tous savent notre
idiome, que l'on juge lorsqu'ils auront conçus les
principes de la liberté, lorsqu'ils auront apprécié les
droits de l'homme, lorsqu'ils sauront que cette liberté est un grand bien , que l'on juge s'ils consen-
tiront à continuer de se laisser dépouiller, enchaîner
par des imposteurs et des tyrans ? — Ils y ont con-
senti jusqu'à ce jour , et depuis des siècles , direz-
vous. — Oui; parce qu'alors la nation entière n'étoit
point assez instruite pour se créer des loix et se gou-
verner elle-même ; elle n'étoit point assez instruite
pour jouir d'une parfaite liberté ; il faut que tous les
membres , tous les citoyens, tous les individus de la
nation , connoissent leurs droits, connoissent leurs
devoirs ; il faut qu'ils aient tous de la raison , du ju-
gement. — Ces progrès, cette amélioration seront
lents à se faire, dites-vous. — Moins que vous ne
pensez ; la vérité et l'équité son bien puisantes sur
l'esprit des hommes ; elles agissent bien prompte-
tement, et leur effet est invincible et constant. D'ailleurs, qu'une fois nous ayons établi une bonne constitution, ne servira-t-elle pas de modèle pour toutes
les nations ? quelques changemens, quelques loix

différentes, la rendront propre à tous les peuples.
— Dans tous les pays, dans tous les temps les droits
des hommes sont immuables, par-tout ils sont les
mêmes: alors brisant leurs fers, chassant leurs tyrans, tous les peuples seront nos frères : déjà le Bra-
bant, l'Italie, l'Espagne, la Hongrie : la Bohême,
la Pologne, pour ne pas dire l'Europe entière, ressen-
tent l'influence de la liberté, tous briseront, chasse-
ront leurs idoles. Tous seront libres, oui, tous jouiront de leurs travaux, et bientôt la population aug-
mentera, et la consommation et le commerce.
Plus de balance politique, plus de ruses orgueilleuses
pour faire égorger des millions d'hommes ; la terre
sera cultivée, les manufactures, les arts ne trouvant
plus d'entraves, nous offriront de plus grandes richesses, le génie honoré, protégé, nous donnera de
nouvelles productions, de nouvelles jouissances, et
ceux qui se disent les maîtres des hommes, une fois
exilés de leurs trônes, les citoyens d'un pays devien-
dront ceux de l'univers ; ils banniront les préjugés et
sauront jouir des bienfaits de la nature, de l'air pur
et des cieux.

De l'Imprimerie Royale.